Ingrid Groschke

Wie das Leben so spielt

Ingrid Groschke

Wie das Leben so spielt

Gedichte

radochla • verlag

Text & Illustration: Ingrid Groschke
Satz & Layout: Edeltraud Radochla

ISBN: 978-3-938555-75-0

Inhaltsverzeichnis

Liebe und Freundschaft

1. Der Bindfaden

Ein Bindfaden ganz rot und wollig,
der fand ein Mädchen süß und drollig.
Was es im Leben alles gibt!
Er war total in sie verliebt.

Sie flocht' den Faden in ihr Haar,
sodass er täglich bei ihr war.
Die beiden waren unumwunden,
auf diese Art ganz eng verbunden.

Ja, seinen Platz wollt' er nicht missen.
Darum hat er so ganz beflissen,
es ist bestimmt auch nicht gelogen,
den Knoten richtig fest gezogen.

Doch mit der Schere, schnipp und schnapp,
schnitt sie den Faden einfach ab.
Wie viele Paare sind zerstritten,
nur weil das Liebesband zerschnitten.

Der Bindfaden, ganz nutzlos nun,
denn für ihn gab's nichts mehr zu tun,
er wurde traurig und ganz still
und landete jetzt auf dem Müll.

2017

2. Brückenschlösser

Einst wollt' ich über eine Brücke gehen
und blieb dann ganz erstaunt dort stehen,
Denn am Geländer hatte dicht gedrängt,
man viele Schlösser angehängt.

So wollten Liebespaare hier bekunden,
dass sie für immer sich gefunden.
Im Leben könnte sie nun nichts mehr spalten,
sie würden stets zusammenhalten.

Da stellte sich bei mir die Frage ein,
wie viele werden es noch sein,
die immer noch so gänzlich glücklich sind?
Vertrauen sie sich auch noch blind?

Schon manches Paar hat sich enttäuscht getrennt,
weil Amor doch nicht existent.
Denn Liebe ist doch öfter sehr vergänglich
und hält nicht immer lebenslänglich.

2022

3. Das Schloss

Ein junges Pärchen sehr verliebt
das wollt' sich nie mehr trennen.
Sie meinten, dass sie füreinander
in Zuneigung stets brennen.

Mit einem Schloss an einer Brücke
da wollten sie's bekunden.
Den Schlüssel warfen sie dann weg.
Er ward nie mehr gefunden.

Die Zeit verging und irgendwann
verschwand nun auch die Liebe.
Sie lösten voneinander sich,
die Zukunft war recht trübe.

Ein jeder liebte irgendwann
den Reiz jetzt für das Neue
und nur das kleine Brückenschloss
hielt immer noch die Treue.

2022

4. Krimi unterm Weinlaub

Unterm Weinlaub, im Versteck,
sitzt gemütlich der Herr Schneck
Weil die Blätter dieser Reben,
ihm hier Schutz vor Sonne geben.

Und damit das Glück vollendet,
es ihm eine Dame sendet.
Schneckenfräulein Kunigunde
joggt hier ihre Trainingsrunde.

Denn um fit und schlank zu bleiben,
muss man öfter Sport betreiben.
„Liebes Fräulein, komm herein,
dann wirst du mein Schneckchen sein".

So er zu ihr spricht. „Ich glaube,
hier in dieser Liebeslaube
ist ein Ort zum Glücklichsein,
darum tritt doch bitte ein".

Eh' sie Antwort geben kann,
kommt ne alte Krähe an.
Schnappt sich dieses Schneckenkind
und verspeist es ganz geschwind.

Schneck, der ist vor Schreck ganz starr.
Ach, das Glück fast bei ihm war,
doch dann wird es unterdessen
von dem Schicksal weggefressen.

2022

5. Die kleine Bestie

In der Laube hier aus Reben
trifft sich nun ein Liebespaar.
Woll'n der Liebe sich hingeben,
Fritz mit der Angelika.

Schmeicheln, streicheln und auch küssen,
ach, es ist so wundervoll.
Fern von allen Ärgernissen
Hader, Zwist, sowie auch Groll.

Fühlen wie im Himmel sich,
schöner könnt es gar nicht sein.
Doch da kommt ganz unmerklich
eine Bestie, schwarz und klein.

Langsam seilt herab am Faden
sich ein kleines Spinnentier.
Fühlt sich auch mit eingeladen
in der Rebenlaube hier.

Plötzlich tönt ein spitzer Schrei
und Angelika springt auf.
Mit der Liebe ist's vorbei,
denn es graust ihr nun vollauf.

Hat den Ankömmling entdeckt
und sie flieht ganz schnell vom Ort.
Dieser Anblick sie erschreckt,
lässt den Fritz alleine dort.

Es ist doch ganz kurios,
so ein Tierchen klitzeklein,
und auch noch ganz ahnungslos,
kann von großer Wirkung sein.

2022

6. So kann es gehen

Schon wieder ist es jetzt soweit,
im Dorf beginnt die Fastnachtszeit.
Ganz bunt gekleidet zieht nun heute
von Hof zu Hof die Narrenmeute.

Mein Mädchen will als Clown heut gehen.
Doch hab ich sie noch nicht gesehen.
Nanu, da vorn, man sieht's genau
der Clown küsst eine and're Frau!

Nein, das ist doch ein schlechter Witz!
Drum wutentbrannt ich zu ihr flitz
und reiß ihr die Perücke runter.
–
Da steht vor mir mein Nachbar Gunter!

2023

7. Im Frühling

Der Frühling läd mit Sonnenschein
und weißen Blütenbäumen
mich in den grünen Garten ein,
ein wenig hier zu träumen.

Der Flieder duftet wundervoll,
man wird davon ganz trunken.
Die Vögel zwitschern Dur und Moll,
am Teich, da hört man Unken.

Doch plötzlich landet schwarz und still
ein kleiner Gast bei mir.
Er sieht mich an: Was die wohl will?
Hier ist doch mein Revier!

Nach unserm Gruß durch Blickkontakt
hüpft suchend er umher,
bis er den ersten Wurm gepackt.
Dann werden's immer mehr.

Prall voll ist nun sein Schnabel schon,
im Nest die Jungen warten.
Mit seiner Fracht fliegt er davon,
um dann noch mal zu starten.

Und morgens dann so gegen vier,
singt er vom höchsten Ast
ein Dankeslied nun täglich mir,
der kleine Enthusiast.

2016

8. Die Brennnessel

Ein Schmetterling hieß Ferdinand
und war in Liebe heiß entbrannt,
zur wunderschönen weißen Lilie.
Er seufzte zärtlich: „Ach Ottilie“.

Ja auch Ottilie war konstant
verliebt in ihren Ferdinand.
Sie sah ihn täglich strahlend an,
und war ganz still vor Glück sodann.

Die Nessel war vor Neid schon grün,
und täglich tat sie sich bemüh'n,
sie wollt die zwei vor allen Dingen
recht bald schon auseinander bringen.

Sie reckte und sie streckte sich,
so war's auch nicht verwunderlich,
dass Ferdinand das nicht erkannte
und sich die Flügel dann verbrannte.

Nun flatterte er traurig fort
von diesem schmerzgeplagten Ort.
Er ließ zurück die weiße Lilie,
die trostlos traurige Ottilie.

–

Das Glück dem Anderen zu gönnen,
ist doch, was einige nicht können.
So war es schon vor langer Zeit,
so ist es leider auch noch heut.

2015

9. Der Dickkopf

Die Sonne meint es heut recht gut.
Elise geht mit frischem Mut
und ihrem Hund zum Festplatz hin,
denn nach Zerstreuung steht ihr Sinn.

So viele Menschen sind schon hier.
Sie trinken Brause, Schnaps und Bier.
Musik erschallt und man kann sehen,
die Pärchen sich im Tanze drehen.

Es warten viele Freunde hier.
An einen Baum bind't sie das Tier.
Im Grünen sitzt er nun allein
und möcht' so gern bei Frauchen sein.

Es ist so einsam ihm zu Mut.
Da tut ihm Bellen richtig gut.
Drum steht er da, kläfft jeden an,
so laut und lange er nur kann.

Doch das gefällt Elise nicht.
Sie kommt, gemahnt ihn an die Pflicht
schön brav und ruhig da zu liegen,
den Drang zum Bellen zu besiegen.

Er legt sich hin, sie will grad gehen,
da sieht sie ihn schon wieder stehen.
Er bellt auch laut und möchte mit.
Elise kommt gleich aus dem Tritt.

Sie schimpft mit ihm. Er legt sich nieder.
Doch dreht sie sich, dann steht er wieder.
So geht es mehrmals hin und her.
Sie weiß bald keinen Ausweg mehr.

Das Frauchen ist verzweifelt nun
und denkt: Was soll ich denn bloß tun?!
Dann sitzen auf der grünen Wiese
der große Hund und auch Elise.

2006

10. Die Weinverkostung

Herr Krause läd sich Gäste ein
zum Umtrunk für den Apfelwein,
den hat er selber produziert
aus Bio-Äpfeln garantiert.

Zu so 'nem Anlass kommt man gern,
sie sitzen nun so ganz intern
in Krauses neuem Pavillon
und kriegen nicht genug davon.

Vom Wein, der süffig ist doch sehr,
wird bald die Zunge schon recht schwer.
Beim Sprechen fängt man darum dann
ganz langsam nun zu lallen an.

Ein Lied wird trotzdem angestimmt
und zwischendurch 'nen Schluck man nimmt.
Sie werden jetzt 'nen Kanon singen,
doch der will nicht so recht gelingen.

Man singt und trinkt noch lange Zeit
ein Hoch auf die Gemütlichkeit.
Spät in der Nacht wird dann beschlossen,
die Freundschaft ward genug begossen.

Der Abend war doch wunderschön,
nun wird es Zeit ins Bett zu gehn.
Jedoch die Beine wolln nicht mehr,
drum torkeln alle kreuz und quer.

Ins Blumenbeet fällt Franz hinein
und schläft dort selig sofort ein.
Nun stolpern Paul und Fritz davon,
fall'n dann ins Gras und schnarchen schon.

Nur Krause auf der Gartenbank,
der nimmt noch einen Schlummertrank.
Am nächsten Morgen aber dann,
da fängt ein großes Klagen an.

Es brummt der Kopf, rumort im Bauch
und schlecht geschlafen hat man auch.
Doch lädt mal wieder einer ein,
dann freu'n sich alle ungemein.

2023

In der Natur

1. Der Sprosser

Im Birkengrund im Abendlicht
da geht es seltsam zu.
Der Löwenzahn, Vergissmeinnicht,
die gehen nun zur Ruh.

Doch in der frühlingsgrünen Hecke
beginnt jetzt ein Konzert.
Ganz heimlich dort, in dem Verstecke
singt Sprosser Kunibert.

Mal schmettert er mit vollen Ton,
dann klingt es zart und leise.
Was gibt ihm nur Inspiration
für diese Wunderweise?

So schnalzend, schluchzend tönt es dann.
Nun piept's und kreischt's am Platze.
Dann ist es stille irgendwann,
hervor kommt unsre Katze.

2018

2. Der unsichtbare Sänger

Ich geh im Wiesengrund spazieren,
da hör ich's trällern, jubilieren.
Ein Vogel singt im Fliederstrauch,
doch sehen möchte ich ihn auch.

Nun streng ich meine Augen an,
ob ich ihn nicht erblicken kann?
Er hat sich aber gut versteckt,
sodass man ihn dort nicht entdeckt.

Er singt so schön, voll Heiterkeit.
Sind sie vielleicht sogar zu zweit?
Nun bieg ich sacht ein Zweiglein dort,
doch husch, da fliegt der Sänger fort.

2019

3. Die Störche sind zurück

Das Osterfest steht vor der Tür
und alles wird schon vorbereitet.
Ja auch die Störche sind schon hier,
der Frühling hat sie hergeleitet.

Grad' gestern hab ich sie gesehen
bei einer Fahrt zu einer Feier.
So gibt's, wenn wir das Fest begehen,
im Storchennest auch Ostereier.

2023

4. Ein kleines Wunder

Es saß auf einem grünem Blatt
'ne Raupe und fraß sich dort satt.
Das ging so viele Tage lang,
dann endete der Tatendrang.

Nun spann sie Fäden her und hin,
um sich herum und sie saß drin.
Sie lag nun wie in einem Haus,
es wurde ein Kokon daraus.

Und während sie drin friedlich schlief,
da ward ein Wunder sehr aktiv.
Nach Wochen platzt die Hülle auf,
zerknautscht kam nun ein Etwas raus.

Jetzt saß es erst mal still und stumm
und sah sich ganz verwundert um.
Es reckte und es streckte sich
und oh, wie wunderte ich mich!

Der schönste Falter saß vor mir,
ein zartes, wunderschönes Tier.
Nicht lang blieb er hier an dem Ort,
flog dann zur Blumenwiese fort.

–

Da kann man wieder einmal sehen,
dass Wunder auch noch heut geschehen.

2022

5. *Gewitter*

In der vergang'nen düstren Nacht
da zeigte Donar seine Macht.
Mit Blitz und Donner drohte er,
der alte kriegerische Herr.

Laut bollernd fuhr sein Sreitgefährt,
hat sich Jahrtausende bewährt,
so übers ganze Himmelszelt
bis sich der Regen eingestellt.

Der legte sich auf sein Gemüt
und hatte dann den Zorn besiegt.
Die Stimmung wurde endlich heiter,
darum fuhr Donar schleunigst weiter.

Von Grimm am Morgen keine Spur,
so blink und blank glänzt die Natur.
Die Amsel singt was sie vermag.
Das wird bestimmt ein schöner Tag.

2009

6. Der Spreewald

Seit uralten Zeiten, das ist doch bekannt,
da leben auch Wenden im Spreewälder Land.
Still gleitet der Kahn auf den Fließen dahin.
Es glitzern die Wasser mit Fischen darin.

Der Fährmann taucht ruhig das Rudel nun ein,
erzählt seinen Gästen von hier allgemein.
Die Sagengestalten, das Brauchtum im Land,
das finden Touristen stets sehr int'ressant.

Doch hier auf der Wiese, von Blumen so bunt,
da stehen die Heuschober dickbäuchig rund.
Der Wind streichelt kosend darüber hinweg,
verteilt dabei Samen. Das ist doch sein Zweck.

Und als ein Geschmeide fliegt über dem Fließ
der glanzvolle Eisvogel, wie ein Türkies.
Die gelben Lokoschen, so strahlend und schön,
die sieht man hier zahllos am Ufer steh'n.

Der Weißstorch, er watet durch saftiges Gras.
Er sucht seine Nahrung hier, etwas zum Fraß.
Ne Schlange, ein Fröschlein, die wären nicht schlecht,
ja, auch ein paar Würmchen, die kommen ihm recht.

In Eintracht, so leben der Mensch und das Tier,
'drum ziehe ich nie in die Ferne von hier.
Das Spreewasser aber, von Unruh getrieben,
ist niemals an nur einem Orte geblieben.

2013

7. Frühling

Der Frühling lädt mit Sonnenschein
Herrn Krause zum Spaziergang ein.
Er wandert über's freie Feld,
ach wie schön ist doch die Welt.

Es flattern taumelnd Schmetterlinge,
die Vögel sind auch guter Dinge.
Sie zwitschern, und sie tirilieren,
die ganze Welt will jubilieren.

Des Abends singt die Nachtigall
und Krause lauscht auf diesen Schall.
Auch blüht's und duftet's allerseits,
ne Zecke hat er auch bereits.

2017

8. Sagenhaftes im Spreewald

Im sagenumwobenen Spreewälder Land,
dort wo schon vor Zeiten Erholung man fand,
da wohnen der Wassermann und auch der Plon.
Man kennt auch noch andere in der Region.

Zum Beispiel am Wasser, dort leben die Schlangen.
Die wollen gerade zum Tanzplatz gelangen.
Sie wiegen und schlängeln sich dort voller Wonne.
Das Krönlein, es funkelt dabei in der Sonne.

Auch Lutki und Kobolde kennen wir hier.
Die helfen im Feld und im Hause oft dir.
Sie bringen die Bitten verneinend stets vor,
das klingt dann recht seltsam für's menschliche Ohr.

Die Mittagsfrau streift übers sonnige Feld.
Trifft sie eine Frau, die den Acker bestellt,
so muss die erzählen vom Flachs eine Stunde.
Sonst geht diese Frau noch letztendlich zugrunde.

Und bist du im Dunkeln mal gänzlich allein,
so führt dich recht sicher ein Irrlichtlein heim.
Doch sei auch ganz ehrlich und zahle den Lohn,
Sonst erntest du Schabernack, Spott und auch Hohn.

2015

9. Spaziergang im Frühling

Der warme, helle Sonnenschein
läd mich heut zum Spaziergang ein.
Ja überall fängt's an zu blüh'n
und auch die Wiese ist schon grün.

Doch dann im Garten, wer kommt an?
Mein Katerlein, ach sieh mal an.
Ganz stolz läuft er nun vor mir her,
Spaziergänge, die liebt er sehr.

Dabei trägt er mit Eleganz
hoch aufgerichtet seinen Schwanz.
Es wippt so recht nach Katersitte
die Spitze in dem Takt der Schritte.

Der größte Wunsch für ihn auf Erden:
Nun möchte er gestreichelt werden.
Drum liegt er plötzlich lang im Gras,
ich stolpre fast, der traut sich was!

Ein Weilchen nur, dann lauf ich weiter.
Drum sputet sich nun mein Begleiter
und flitzt vorbei, beeilt sich sehr,
jetzt läuft er wieder vor mir her.

Ne Bank, die kommt ihm in den Sinn,
hier auf der Wiese. Er läuft hin.
Es wird geschmust, er schnurrt dabei
und findet das ganz einwandfrei.

Retour kommt mit ein kleines Stück,
der Kater und bleibt dann zurück.
Beim nächsten Mal, so allgemein,
spazieren wieder wir zu zwei'n.

2021

10. Früh am Morgen

Nach einer kalten, dunklen Nacht
nun bald der neue Tag erwacht.
Das Wiesengras, noch grau erstarrt,
der ersten Sonnenstrahlen harrt.

Doch bald im Morgensonnenscheine
da funkelt's rings wie Edelsteine,
denn überall, mit viel Brillanz
erstrahlt die Welt in goldnem Glanz.

An Halmen und an allen Zweigen
sich Wassertropfen glitzernd zeigen.
Und selbst im Gras, die zarten Weben
wie Perlenkettchen sie dort schweben.

Doch ist vergänglich alles nur,
denn bald verliert sich jede Spur
des frühen Morgens Zauberglanz
für diesen Tag dann voll und ganz.

2019

11. Die Krähe

Winter wird's nun überall,
auch der Nussbaum ist schon kahl.
Ganz hoch oben im Geäst
sich 'ne Krähe niederlässt.

Krächzend klagt sie ihre Not,
weil die Winterkälte droht.
Auch das Futter wird jetzt knapp,
so, dass sie stets Hunger hat.

Plötzlich aber wird sie munter
und äugt nun zum Boden runter.
Dort hat sie etwas entdeckt,
was ganz sicherlich auch schmeckt.

Walnüsse so dick und rund,
das ist ja ein Zufallsfund!
Schleunigst holt sie sich von dort
eine Nuss und fliegt dann fort.

2016

12. Der Kater

Frühling wird's nun überall,
bald singt auch die Nachtigall.
Sehnsucht macht im Herz sich breit
und verlangt nach Zweisamkeit.

Ja, die Mieze macht Theater.
Tag und Nacht ruft sie 'nen Kater.
Krause macht das Fenster zu,
will nun endlich wieder Ruh'.

Doch auch er fühlt sich allein,
gießt zum Trost ein Schnäpschen ein.
Klingel meldet einen Gast,
drum eilt er zur Tür voll Hast.

Als nun offen steht die Tür,
schlüpft herein das Katzentier.
Läuft ins Zimmer frei und frisch
und springt auf den Stubentisch.

Ach, da ist es schon geschehen.
Mieze hat ganz übersehen,
dieses Gläschen mit Promille.
Nun ist sie vor Schreck ganz stille.

Und damit man nichts entdeckt,
wird schnell alles aufgeschleckt.
Jetzt ist Schluss mit dem Theater,
denn die Mieze hat 'nen Kater.

2013

13. Die Blumenwiese

Herrlich ist's auf dieser Wiese!
Denkt begeistert die Elise.
Viele Blumen blühen hier,
dazu noch das Kleingetier.

Schmetterlinge, Käfer, Hummeln,
die verlocken mich zum Bummeln,
oder so im Gras zu liegen.
Die Gedanken können fliegen.

Man bekommt den Kopf mal frei
von der vielen Schererei,
die das Leben hat parat.
Hier bin ich jetzt ganz privat.

Als sie dann so liegt im Gras,
denkt sie plötzlich: ‚Was ist das?
Ruhe gibt es nicht, fürwahr!'
Raupen holt sich hier der Star.

Käfer in dem Netz der Spinne
hofft, dass er doch noch entrinne.
Zappelt angstvoll hin und her,
hat dann keine Kräfte mehr.

Damit wird er nun für heute,
für die Spinne eine Beute.
Und die Schnecke nackt und blass
Dient der Amsel jetzt zum Fraß.

Ach, Elise ist ganz traurig
und im Herzen wird's ihr schaurig.
Keinem ist nur Glück beschieden.
Nicht mal hier gibt's endlich Frieden.

2012

14. Spaziergang durch die Felder

Vom stahlblauen Himmel brennt heute recht heiß
die sengende Sonne. Es rinnt mir der Schweiß.
Ich lauf durch die Felder, der Roggen steht gut.
Dann werd' ich entschädigt für all diese Glut.

Am Feldrain entlang, rot, strahlend und schön
sind tausende Mohnblüten nun zu seh'n.
Die Kornblumen setzen Akzente dazwischen.
So prachtvolle Farben die Seele erfrischen.

Ein Stückchen nur weiter, zerzaust und recht wild,
beherrscht nun die Wicke in Lila das Bild.
Darinnen ganz weiß in so duftender Fülle,
da steht sie bescheiden, die zarte Kamille.

Beglückt lenk' ich heimwärts nun meinen Schritt
und nehme die farbige Pracht in mir mit.
Die Gabe, die uns vom Banalen ablenkt,
hat Mutter Natur uns ganz gratis geschenkt.

2020

15. November

Das Jahr spielt den Novemberblues,
bevor dann alles ruht.
Denn die Natur will schlafen geh'n,
das tut ihr auch mal gut.

Ganz eingehüllt in Nebelgrau
sind Wiese, Wald und Feld.
Und auch der Sonne fällt es schwer,
dass sie den Tag erhellt.

Am nächsten Tag, da scheint sie wieder
und lässt das Herbstlaub strahlen.
Vergessen der Novemberblues.
ich fahr' jetzt raus zum Malen.

2021

16. November

Das Jahr spielt den Novemberblues,
bevor dann alles ruht.
Denn die Natur will schlafen geh'n,
das tut ihr auch mal gut.

Ganz eingehüllt in Nebelgrau
sind Wiese ,Wald und Feld.
Und auch der Sonne fällt es schwer,
das sie den Tag erhellt.

Herrn Krause aber stört das nicht.
Er läd' sich Gäste ein.
Mit Wein, Gesang, so am Kamin,
kann man recht fröhlich sein.

Ein jeder bringt auch etwas mit,
wer hätte das gedacht.
Geschichten, Verse und Musik
dabei wird viel gelacht.

So wie im Flug vergeh'n die Stunden,
nun ist es schon sehr spät.
Jetzt singt ein Lied man noch gemeinsam,
eh man nach Hause geht.

So kann man sie stets überlisten
die graue, triste Zeit.
Dann kommt auch bald schon der Advent
auf den sich Krause freut.

2021

17. Jahreslauf

An den Zweigen glitzern Tränen.
Grau und Trüb ist's weit und breit.
Die Natur muss Abschied nehmen
von der schönen Sommerzeit.

Ruhe brauchen Blumen, Wälder.
Bald wird's kalt und frostig sein.
Abgeerntet sind die Felder,
Nebel hüllt nun alles ein.

Doch im März erwacht dann wieder
die Natur in Wald und Feld.
Es erklingen frohe Lieder,
neue Kraft durchdringt die Welt.

2005

18. Kranichrufe

Die Kraniche rufen im Abendschein.
Es klingt mir nach endloser Freiheit und Weite.
Sie fliegen in Pfeilform, in langen Reih'n,
wie Perlen, die jemand zu Ketten aufreihte.

Der Tag geht nun langsam dem Ende entgegen,
und über dem Wald steigt der Mond schon herauf.
Ein jegliches Tier möcht' zur Ruhe sich legen,
drum suchen sie alle ihr Nachtlager auf.

Auch ich werd' die Schritte nachhause nun lenken,
und seh' dabei oft hoch zum Himmel empor.
Sehr lange muss ich an die Vögel dort denken,
der Kraniche Ruf klingt noch immer im Ohr.

2019

19. Kraniche

Abgeerntet sind die Äcker,
kühler weht nun auch der Wind
und im grauen Nebelschleier
Kraniche zu sehen sind.

In dem Glanz der Morgensonne
fliegt ein ganzer Schwarm heran.
Zieht zuerst noch ein paar Kreise,
landet auf dem Felde dann.

Schreiten tänzelnd voll Magie,
zauberhaft und elegant.
Diese wunderschönen Vögel
sind als Glücksbringer bekannt.

2019

20. Nieselregen

Es nieselt heut den ganzen Tag,
so, wie es doch wohl keiner mag.
Drum brummt Frau Krause vor sich hin:
„Ein Mistwetter, da bleib ich drin!"

Ach, die Natur ist stark durchnässt,
das gleicht fast einem Härtetest.
Recht traurig dreht sie sich nun um
und wird auf einmal dann ganz stumm.

Denn staunend sieht sie an den Zweigen
wie Tropfen sich als Perlen zeigen.
Zum grauen Nieselregenkleide
trägt Mutter Erde noch Geschmeide.

An Sträuchern Perlenketten hängen
die schlechte Laune nun verdrängen.
Sie funkeln hell im Tageslicht,
das wirkt so edel, trotzdem schlicht.

Frau Krause zieht ihr Fazit draus,
nun geht sie doch noch aus dem Haus.
Denn eines kann man nicht bestreiten,
der Regen hat auch schöne Seiten.

2019

21. Winterwald

Der Schnee, der kam heut über Nacht,
er hat ein Wunderwerk vollbracht,
und der Spaziergang übers Feld
führt mich in eine Zauberwelt.

Zum Wald lenk ich dann meinen Schritt,
auch hier dämpft Schnee jetzt jeden Tritt.
Die kalte Last auf Ästen, Zweigen
zwingt nun die Bäume zum Verneigen.

Die weiße Welt wirkt wie erstarrt,
doch unterm Schnee manch Knospe harrt.
Und nur das Bächlein plätschert munter,
erzählt dabei vom Frühlingswunder.

Der Sonne es nur schwer gelingt,
dass sie die Wolken heut durchdringt.
Jedoch, sie schafft es immer wieder
und scheint bis auf den Boden nieder.

Bläst dann ein Windhauch sanft und sacht,
entfaltet sich die Glitzerpracht.
Denn Schneekristalle mich umgeben,
die funkelnd von den Zweigen schweben.

Doch für die Tiere weit und breit
beginnt jetzt eine harte Zeit.
Der Siebenschläfer, der ist schlau,
verschläft die Zeit im warmen Bau.

2019

22. *Die Libelle*

Im herbstlich, warmen Sonnenschein,
sitz ich im Garten für mich allein.
Da kommt ein Libellchen zu meinem Glück
und bringt mir ganz kurz den Sommer zurück.
–

Ich sehe den See im Sonnenschein,
die Kinder springen ins Wasser hinein.
Das ist ein Schreien, Prusten und Fauchen,
nun möcht' auch ich ins Wasser tauchen.

Die Fischlein schwimmen im tiefen See.
Seerosen blühen weiß wie Schnee.
Und weiter fliegt die kleine Libelle. –
Ich sitz' noch im Garten an gleicher Stelle.

2004

Auf Reisen

J. Groschke
19

1. Die Dampflok

Schon lange im Museum steht
die alte Dampflok stolz und mächtig.
Ein jeder, der vorüber geht,
der denkt: ‚Wie imposant und prächtig!‘

Sie ist schon lange ausrangiert,
und geht auch niemals mehr auf Reisen.
Darum träumt sie ganz ungeniert,
fast immerzu nur von den Gleisen.

Auf ihnen sie doch einstmals fuhr
als Bimmelguste durch den Spreewald.
Und ständig hielt auf Temp'ratur
dabei die Glut der Konzak Ewald.

Doch ging die Reise niemals schnell,
gemütlich zuckelte die Bahn.
So war'n die Leute ganz speziell
von der Natur recht angetan.

Wer wollte konnte nebenbei
auch ein paar Blumen pflücken,
um später dann ganz frisch und frei
daheim die Liebste zu beglücken.

Doch heute hetzt man nur umher,
Gemütlichkeit ist nicht gefragt.
Die Dampflok will nun keiner mehr,
deshalb ist sie längst abgehakt.

2017

2. *Eine Fahrt mit der Dampflok*

Ach, es ist so angenehm,
können wir auf Reisen geh'n.
Bus, das Auto oder Bahn
bringen uns zum Zielort dann.

Wisst ihr aber wie es war,
so vor fünfundsechzig Jahr?
Um mal wieder zu verreisen
war die Bahn doch sehr zu preisen.

Wollt' man nicht zum Endziel laufen,
musste ein Billet man kaufen.
Daraufhin gings eins, zwei, drei
an dem Kontrolleur vorbei.

Dieser war ja auch ganz nett,
knipste nun in das Billet.
Jetzt erst durft' man weitergehen,
endlich auf dem Bahnsteig stehen.

Fauchend schnaufte sie heran,
Dampflok mit sechs Wagen dran.
Quietschend kam sie dann zum Stehen,
spuckte Dampf, man konnt' kaum sehen.

Alle Menschen groß und klein,
stiegen nun erst einmal ein.
Nahmen Platz auf harten Bänken,
Polster – konnte man sich denken.

Hob der Schaffner nun die Kelle,
fuhr die Bahn, jedoch nicht schnelle.
Mühte sehr sich noch und noch.
Stöhnte laut: „Ich schaff es doch!"

Langsam kam sie dann in Fahrt.
Heizer hat auch nicht gespart,
mit der Kohle von dem Tender.
Für die Kraft war die der Spender.

Diese Zeit ist nun vorbei.
Heute fährt man einwandfrei
Nur mit Strom und ohne Kohle,
schnell und sauber, sehr zum Wohle!
Prost

2017

3. Die Urlaubsfahrt

*Ach, es ist so angenehm,
kann man mal was andres seh'n,
als die altbekannten Sachen.
Drum wird Krause Urlaub machen.*

*Schnell er eine Reise bucht,
findet dann auch was er sucht.
Hat Italien im Sinn,
nach Amalfi zieht's ihn hin.*

*Dann fährt er im Omnibus,
diese Fahrt ist kein Genuss,
auf der Küstenstraße lang,
Krause wird dabei sehr bang.*

*Scharf die Kurven, eng die Straßen
und der Bus hängt oft dermaßen
über'm Abgrund mit dem Ende.
Angstvoll faltet er die Hände.*

*Aber endlich kommt er dann
in dem Urlaubshotel an.
Alle Ängste sind indessen,
nun bei Krause längst vergessen.*

*Denn sein Zimmer mit Terrasse
ist doch wirklich große Klasse.
Und die Aussicht auf das Meer,
die begeistert ihn noch mehr.*

*Als die Nacht dann bricht herein,
schläft er froh und glücklich ein.
Plötzlich aber schreckt er auf,
hört ein Kratzen und Geschnauf.*

Die Terrassentür stand offen,
konnt ein Dieb sich nun erhoffen,
hier, bei ihm etwas zu stehlen?
Na, das könnte grad noch fehlen!

Schnell knipst er das Nachtlicht an
und was sieht Herr Krause dann?
Statt des Diebes düst're Fratze,
sitzt dort eine Miezekatze.

Ach, da ist er aber froh
und die Mieze ebenso.
Mit 'nem Häppchen ihr zupasse,
setzt er's raus auf die Terrasse.

Oft löst sich so im Verlauf
ein Problem zum Guten auf.
Der Herr Krause gut gelaunt,
hat mir dieses zugeraunt.

2022

4. Das Spukschloss

In Schlössern soll's Gespenster geben!
„So etwas möchte' ich mal erleben!"
Herr Krause meldet sich spontan
zu einer Schlösserrundfahrt an.

Die Busfahrt geht um sieben los
und Krauses Spannung die ist groß.
Die Fahrgäste sind gut gelaunt.
Man sitzt und schwatzt und schaut und staunt.

Im ersten Schloss, Enttäuschung dann,
kein Hauch von Spuk man finden kann.
Der Waghals mault: „Hier ist's nicht schön,
Hier gibt's ja kein Gespenst zu seh'n."

Nun geht die Reise wieder weiter.
Die Hoffnung stimmt ihn dabei heiter.
Quietschvergnügt summt er ganz leise
so vor sich hin ne lust'ge Weise.

Im nächsten Schloss schließt man sich dann
zum Rundgang einer Führung an.
Herr Krause aber pfeift darauf,
und steigt allein den Turm hinauf.

Im Schummerlicht sieht er kaum Stufen
und aus der Ferne dringt ein Rufen.
Beharrlich steigt er immer weiter
grad' wie auf einer Himmelsleiter.

Nun öffnet er 'ne kleine Tür
und hat dabei so ein Gespür,
hier drinnen bin ich nicht allein.
Hier müssen doch Gespenster sein.

Doch plötzlich hält Herr Krause inne.
Er lief hinein ins Netz der Spinne.
Dazu ertönt ein Raschelton.
Jetzt fliegt was Dunkeles davon.

Gespenster! Schießt's ihm durch den Sinn.
Drauf stolpert er und stürzt gleich hin.
Ein Schreckensschrei entweicht der Kehle.
Er ist erstarrt bis in die Seele.

Ein Sturmwind kommt nun scheinbar auf.
Die Angst kriecht Krauses Rücken rauf.
So dunkle Schatten über ihm,
die flattern nun zum Ausgang hin.

Er glaubt, jetzt geht mir's an den Kragen!
Und möchte schier vor Angst verzagen.
Erleichtert hört er kurz darauf,
es kommt jemand mit viel Geschnauf.

Der sieht erstaunt Herrn Krause dann,
hört erst sich die Geschichte an.
Danach ist man sich dann im Klaren,
Dass das nur Fledermäuse waren.

2008

5. Mitternachtsspuk

In einem wunderschönen Schloss
da wohnt jetzt der Herr Krause.
So lange, wie er Urlaub hat,
ist hier nun sein zu Hause.

Doch einmal, so um Mitternacht,
da hört' er leises Weinen.
Er geht den dunklen Gang entlang
und sieht ein Lichtlein scheinen.

Am Ende sitzt ein schönes Weib,
so zart wie Nebelschleier.
Sie sitzt hier schon fast hundert Jahr',
und wartet auf 'nen Freier.

Wie nun Herr Krause vor ihr steht,
sieht sie ihn glutvoll an.
Sie trocknet erst die Tränen sich
und sagt ganz traurig dann:

„Ich muss nun wandeln Nacht für Nacht
durch diese alten Mauern.
Bis mich vielleicht ein Mann erlöst,
das kann noch lange dauern."

Herrn Krause packt die Leidenschaft.
Er küsst sie auf den Mund.
Doch Kälte, die durchrieselt ihn.
Das ist doch nicht gesund!

Das Weib vergeht und löst sich auf.
Der Mann, er hält sie nicht.
Eiskalte Füße hat er nun
und Herpes im Gesicht.

2008

6. In der Bodega

Wir gingen in eine Bodega hinein
um dort dann zu kaufen den köstlichsten Wein.
Es lagerten Unmengen Rebsorten dort
in diesem Gewölbe, ein himmlischer Ort.

Man kostete alle, von jedem ein Glas.
Es war zwar recht winzig, doch reichte auch das,
denn als dann die Wahl war endlich entschieden,
da wär' man zwar gerne noch länger geblieben,

doch drehte sich alles rings um uns umher,
wir waren so schwerelos, heiter doch sehr.
Schnell zahlten wir Geld für Rosinenwein ein,
um dann noch zu feiern mit Freunden daheim.

2022

Ganz allgemein

1. Die Nachbarn

Ich kenne einen kleinen Ort,
zwei Nachbarn wohnten friedlich dort.
Jedoch der eine war sehr schlau,
bedachte alles sehr genau.

Bevor er etwas neu begann,
da prüfte er das Drum und Dran.
Sinnierte ständig hin und her
und wurde dabei sorgenschwer.

Die Zeit verging hierbei im Flug
und brachte ihn so in Verzug.
Er stöhnte laut, kam nicht zum Ruh'n
und wollte doch so vieles tun.

Der andre, der fing einfach an,
die Arbeit war ruck, zuck getan.
Nun konnte er den Tag beschließen
und seine freie Zeit genießen.

Der erste schaute neidvoll rüber
und klagte seinem Gegenüber,
zu viele Arbeit fällt stets an,
die man doch gar nicht schaffen kann.

Man lud ihn ein zu einem Bier
und gab noch einen Rat hierfür:
Du legst ab morgen sofort los,
dann schaffst du alles virtuos.

2021

2. Der Poet

Ist man schöpferisch zu Gange,
dauert's manchmal doch sehr lange
bis ein guter Reim gefunden.
Oft vergehen sogar Stunden.

Ein Poet hat es nicht leicht,
bis er dann sein Ziel erreicht.
Deprimiert,verzweifelt gar
rauft er sich des Hauptes Haar.

Knabbert an des Stiftes Ende
hofft, dass er das Wörtchen fände,
dieses eine kleine Wort
das sich reimt auf Meuchelmord.

Dann erhellt sich sein Gesicht,
nimmt den Meuchelmord nun nicht.
Er ein andres Wort jetzt fand,
das doch ebenso prägnant.

Trällert laut ein Holdrio,
denn er ist nun wieder froh.
Bis eine Idee ihm winkt
und er neu nach Worten ringt.

2022

3. Eisblumen

Der Eisfürst, er zaubert ein frostig Dekor,
bringt seltsame Blüten und Blätter hervor.
An einfachen Fenstern, da kann man dann sehen,
wie eisige Landschaften dort nun entstehen.

Fantastische Werke, so fremd und brillant,
Ganz magisch, schon damals als Kind ich sie fand.
Doch heut sind sie nur noch ganz selten zu finden,
kann das mit dem Wandel des Klimas begründen.

Auch Fenster, die simplen, die sind jetzt ganz rar.
Es bleibt eben nichts, wie es einmal schon war.
Und ist es auch herrlich, so ganz allgemein,
es wird doch im Leben so niemals mehr sein.

2022

4. Lutki oder Heinzelmännchen?

Wer sagt denn da: „Es gibt sie nicht,
die Lutki oder Heinzelmann".
Ich sah jedoch so einen Wicht.
Vor Kurzem kam hier einer an.

Es fiel der Schnee die ganze Nacht
und deckte ringsum alles zu.
Als wir am Morgen aufgewacht,
war die Gemütlichkeit tabu.

Denn Schneeschieben war angesagt,
zumindest auf dem Weg vor'm Haus.
Das Alter aber lang schon nagt
an uns doch sehr tagein, tagaus.

Da kam ein Quad mit Schiebeschild
und schob den Weg sofort ganz frei.
Ja, dieser Helfer schob wie wild,
nicht lang, dann war der Spuk vorbei.

Hab Dank, du lieber Heinzelmann,
wir haben uns doch sehr gefreut.
Wenns noch mal schneit, ob du auch dann
hier wieder schiebst wie heut?

2021

5. Ruhe

*Motorenlärm hier auf den Straßen,
auch Hupen, Klingeln und Geschrei,
das plagt uns täglich gleichermaßen.
Du denkst, das wär' dir einerlei?*

*Dann quietschen Bremsen irgendwo,
ein Presslufthammer tuckert laut,
Musik, die dudelt sowieso,
das geht so lang, bis es dir graut.*

*Es schmerzt so langsam dir der Kopf.
Du sehnst dich sehr nach etwas Ruhe,
bedauerst dich als armer Tropf.
Möchst dich verkriechen in der Truhe.*

*Da hängt ein Schild dir vor der Nase
und „Raum der Stille" steht darauf.
Es gibt also doch 'ne Oase
und machst ganz schnell die Türe auf.*

*Doch zu still ist es hier dir bald
und du verlässt ganz schnell den Raum.
Du läufst und läufst bis in den Wald,
setzt dich dann nieder an 'nem Baum.*

Schließt nun die Augen, streckst die Glieder
und dann bist du doch sehr erstaunt
weil du nach langer Zeit mal wieder
hörst, was ein Baum dir zugeraunt.

Der Wind streicht wispernd durch das Gras.
Es summt und brummt die Käferschar.
Der Himmel leuchtet wie Topas,
so herrlich es schon lang nicht war.

Und endlich kehrt die Ruhe ein,
wie friedvoll wirkt die ganze Welt.
Du läufst recht fröhlich querfeldein,
dein Glück ist wieder hergestellt.

2021

6. Schlachtefest

Nicht all zulange ist es her,
ja, da erfreute es doch sehr
und war auch immer wunderschön,
wenn man zum Schlachtfest konnte gehn.

Dort wurde dann geschlemmt, man prasste,
der Magen alles kaum noch fasste.
Das Wellfleisch, Grützwurst, Mett vom Schwein,
man stopfte alles in sich rein.

Mmm, Wurstbrühe, das war doch was.
Doch autsch, nanu, das war ja krass
und überhaupt nicht amüsant.
Ich hab die Zunge mir verbrannt.

Nun schnell ein Bier, das war gekühlt
und alles wurd hinweg gespült,
die Essenreste und auch Schmerzen.
Die andern lachten jetzt und scherzten.

Dann trug man große Grieben rein
und Sauerkraut noch obendrein.
Und wieder stürzte man sich drauf,
aß gleich ruck, zuck dann alles auf.

–

Noch lange man zusammen saß,
dort diskutierte, trank und aß.
Spät in der Nacht, da ging man heim.
Pech hatte nur das arme Schwein.

2019

7. Zufriedenheit

Ich bin zufrieden und sehr glücklich
und fühle mich auch augenblicklich
so froh und voller Tatendrang.
Mein Herz, es hüpft im Überschwang.

Ein Mensch, der klopfte bei mir dann
und bot Versicherungen an.
„Nein, nein“, meint ich. „Ich brauche keine.
Behalte die für dich alleine“.

„Ich bin zufrieden und sehr froh,
versuche es mal anderswo.
Versichert bin ich auch genug,
noch mehr, dass wäre gar nicht klug.“

Doch neulich war ich bei Herrn Maier
geladen zur Geburtstagsfeier.
Dort bot man ständig Kuchen an,
bis ich mich äußerte alsdann.

„Ich bin so satt, ich kann nicht mehr,
der Bauch ist voll und prall so sehr.
Und nehmt es mir auch ja nicht krumm.
Ich bin zufrieden rundherum.“

Nur in der Ferne findet man
das Glück, so zeigt's die Werbung an.
Doch Glück und auch Zufriedenheit
find' ich zuhause jederzeit.

Und klopft der Tod mal bei mir an
und meint: „Komm mit, du bist jetzt dran."
Dann sage ich ihm klipp und klar:
„Hau ab, mir geht es wunderbar!"

„Das Leben, es ist viel zu schön,
darum werd' ich nicht mit dir geh'n.
Ich bin zufrieden wie es ist,
sieh zu, dass du mich schnell vergisst!"

2018

8. Warten

Brauchst du vom Arzt mal einen Rat,
eventuell ganz obligat
für irgend etwas 'nen Termin,
Sogar, wenn du ein Buch verlieh'n,

willst, dass die Bahn zum Ziel dich bringt,
musst du aufs Klo, ganz unbedingt,
vielleicht auch mit dem Flieger starten,
dann heißt es warten, warten, warten.

Wir hoffen, dass es Frühling werde,
guckt schon ein Blümchen aus der Erde?
Es regnet, wann hört's endlich auf?
Wir warten doch schon lange drauf.

Wann wird das Enkelkind geboren?
Du hoffst auf viele offne Ohren
für dein geniales Großprojekt
in das du Fleiß und Zeit gesteckt.

Für Vieles heißt es allemal
bis du's bekommst so ganz real,
musst du dich in Geduld erst fassen
und dich dann überraschen lassen.

Ja, so vergeht das halbe Leben,
eh man bekommt, was wir erstreben.
Die Zeit, die mischt für dich die Karten
und du musst ständig warten, warten.

2021

9. Adventszeit

Schon wieder ist ein Jahr vergangen.
Die Weihnachtszeit hat angefangen,
denn wenn das erste Lichtlein brennt,
dann feiern alle den Advent.

Doch bevor man feiern kann,
ist erst mal die Arbeit dran.
Waschen, putzen, Kuchen backen
und dafür noch Mandeln hacken.
Ach, der Hund muss Gassi gehen,
halt, zuerst muss ich noch sehen,
ist der Kuchen braun gebrannt?
Arbeit, die nimmt überhand.

Das zweite Licht wird angezündet.
Im Radio man nun verkündet,
die Weihnacht, als die schönste Zeit
hält Überraschungen bereit.

Oh, ich hätte unterdessen
noch die Feier fast vergessen.
In dem Heim sollt' ich doch lesen!
Doch zuvor schwing ich den Besen.
Vor dem Haus und auf den Wegen
muss ich doch noch heute fegen.
Dann werd' ich die Zeit gleich nutzen
und das Küchenfenster putzen.

Schon bald erstrahlt das dritte Licht,
die Arbeit aber endet nicht.
Man muss ja ständig kochen, waschen,
mal zwischendurch ein Plätzchen naschen.

Ja es ist zum Haare raufen,
heut geh' ich Geschenke kaufen.
Überall und immer wieder
dudeln stets die Weihnachtslieder.
Nun werd' ich noch Karten schreiben!
Wie viel Zeit wird dann noch bleiben?
Päckchen sind auch noch zu packen.
Überall beginnt's zu zwacken.

Das vierte Lichtlein ist nun dran,
der Heilig Abend kommt heran.
Da fällt es mir gerade ein,
so viel Stress, das muss nicht sein.
Im nächsten Jahr ganz sicherlich,
das glaube mir, verreise ich.

2016

10. Das Muss

Das **Muss,** *es starrt mich ständig an*
und treib zur Arbeit mich stets dann.
Es sagt, du **musst** *jetzt Fenster putzen*
Du **musst** *dann auch die Zeit noch nutzen*
um endlich diesen Brief zu schreiben.
Der kann nicht länger liegen bleiben.

Du **musst** *auch noch die Wäsche bügeln*
und **musst** *den Drang zum Naschen zügeln.*
Dann **musst** *du auch noch recht viel trinken*
und nicht in Träumerei versinken.
Du **musst** *auch noch die Küche wischen*
und den Salat für'n Abend mischen.

Du **musst** *auch viel mehr Sport noch treiben*
und nicht am Schreibtisch sitzen bleiben.
Das **Muss,** *es plagt mich immerzu,*
ach lass mich doch heut mal in Ruh!
Die Sonne ist so schön am Srahlen,
ich geh zur Wiese jetzt zum Malen.

2023

11. Im Park von Sanssouci

Im herbstlich,warmen Sonnenschein
glaub ich mich im Park allein.
Doch träumend seh' ich auf einmal
edle Damen, ohne Zahl.

Sie wandeln vornehm auf den Wegen,
Kavaliere sind zugegen.
Das ist ein Tuscheln und auch Lachen,
heftig Flirten, Späße machen.

\-

Da wirbelt ein Lüftchen das Herbstlaub vom Ort,
pustet ganz einfach die Herrschaften fort.
Nun hab ich den Park und den Sonnenschein
endlich für mich wieder ganz allein.

2014

12. Der Winterspaziergang

Vom Himmel schweben nun ganz leis
so viele Flocken, weich und weiß.
Verzaubern alles rings umher,
darüber freut sich Krause sehr.

Ganz schnell zieht er sich recht warm an
und eilt hinaus, so schnell er kann.
Bei solchem Wetter muss er raus,
denn dort sieht's wie im Märchen aus.

Der Flockenfall dämpft jeden Laut.
Herr Krause steht und staunt und schaut.
Geschützt vom Schnee ruh'n Strauch und Baum
und träumen ihren Frühlingstraum.

Dann stapft Herr Krause wieder weiter.
Hier draußen wird das Herz ihm heiter.
Doch plötzlich rutscht er aus, schlägt hin.
'Verflixt', denkt er in seinem Sinn,

'Wie konnte das denn nur geschehen?
Ich hoff', das hat niemand gesehen'.
Ganz mühsam rappelt er sich hoch.
'Na Gott sei Dank, das geht ja noch!'

Er hinkt und humpelt nun nach Haus,
die Welt sieht plötzlich düster aus.
Der Flockenwirbel nervt nun stark,
und Arm und Knie, die schmerzen arg.

2011

13. Vom Lernen

Ein Kind flutscht in die Welt hinein
und fängt erst einmal an zu schrei'n,
damit ein jeder wird gewahr,
dass man ein Menschlein heut gebar.

Nun trinkt und wächst es immerzu
und lernt auch stets etwas hinzu.
Entdeckt die Welt jetzt mehr und mehr.
Bald läuft es ganz allein umher.

Die Schulzeit, die beginnt alsdann,
auch hier man sehr viel lernen kann.
So mancher plagt sich dabei tüchtig,
doch lernen ist nun mal sehr wichtig.

Selbst wenn man alt ist, lernt man noch,
vergisst's vielleicht am Ende doch.
Denn nur wer lernt, kommt gut voran,
bis dich dann holt der Sensenmann.

2018

14. Das Lächeln

Ach, es ist doch wunderschön
und es macht auch vieles leicht,
können wir sie lächeln seh'n,
Menschen, die sonst unerreicht.

Außerdem, das ist genial,
ein Gesicht gelangweilt, leer,
das wird schön mit einem Mal,
lächelt es dann zu dir her.

Es verrät dir Zuneigung,
Freundschaft und vielleicht auch Liebe.
Wartet auf Erwiderung,
hofft dann, dass es doch so bliebe.

2023

Nun aber im Ernst

1. Besinnung

Ach wie war es doch vor Zeiten
so schön still in unsren Breiten.
Luft und Wasser waren sauber,
dann jedoch begann der Zauber.

Ja, es lag an dem Erfinden,
nebenbei auch zu ergründen
was das Leben leichter macht.
Vieles hat man ausgedacht.

Anfangs war's auch wunderbar,
besser wurd' es, das ist klar.
Mit der Zeit ist es nun aber
auf der Erde sehr makabar.

Der Herr Benz tät' sich erschrecken,
könnte man ihn jetzt erwecken.
Säh', was einstmals er getestet,
heute unsre Luft verpestet.

Man erfand dann immer schneller
Plastik, daraus Tüten, Teller,
neue Sachen, mehr und mehr.
Anfangs freute es uns sehr.

Beifall hat man auch gezollt,
doch nun werden überrollt
Mensch, Natur und auch das Tier.
Immer mehr Gefahr droht hier.

Zwölf schlägt es in fünf Minuten
und die Menschheit muss sich sputen.
Soll das Leben weiter gehen,
muss ganz dringend was geschehen.

Wieder ist er sehr gefragt
Erfindergeist. Ganz unverzagt
müssen wir uns jetzt besinnen
und das Leben neu beginnen.

Werden schnell verzichten lernen,
dass auch weiterhin in fernen
Zeiten alle hier auf Erden,
froh und glücklich leben werden.

2019

2. Der Himmel über mir

Ich lieg auf der Wiese im duftenden Gras
und schicke die Träume auf Reisen.
Der Himmel, der wölbt sich wie blauer Topas,
hoch oben zwei Kraniche kreisen.

Ein einsames Wölkchen, so weiß wie der Schnee,
das segelt ganz langsam heran.
Dann kann ich kaum glauben, was ich jetzt da seh'.
Es wirkt recht bedrohlich alsdann.

Die Wolke, sie wächst, sie wird dunkler im Nu
und aus ihrem schwarz-grauen Bauche,
da tröpfelt nun Regen auf mich immerzu.
Ein Wind bläst mit tödlichem Hauche.

Und jeder der Tropfen verbrennt meine Haut,
zerstört auch ringsum allen Raum.
–
Da singt eine Amsel, so gänzlich vertraut.
Es war ja zu Glück nur ein Traum.

2011
nach der Fukoshima-Katastrophe geschrieben.

3. Der Ukraine-Krieg

Es ist doch sehr verwunderlich,
was denkt denn die Regierung sich!
Es wird der Krieg doch nicht beendet,
wenn stets man neue Waffen sendet.

Das Ende hier noch niemand kennt,
vielleicht dann ganz Europa brennt?
Der Sieger wäre das ist klar,
doch nur die Großmacht USA.

Dann hätten sie ganz mit Bedacht
in unsrer Welt allein die Macht.
Ja, der Gedanke lässt verzagen,
Sie hätte überall das Sagen.

Auch sollte man noch mal bedenken,
wie wird Verzweiflung Putin lenken?
Setzt er, weiß er nicht aus noch ein,
dann atomare Waffen ein?

Darum wär' es doch wirklich gut,
hätt für Gespräche man den Mut
und hört sich auch den Gegner an.
Ein Kompromiss hilft vielleicht dann.

2022

4. Unser Erdenball

Hier im Land, das ist fatal,
ist zur Zeit fast nichts normal.
Wie will man die Umwelt schützen,
wenn wir Kriege unterstützen.

Klima, das wird mehr und mehr
lebensfeindlicher schon sehr.
Nur, weil manche so verblendet,
bald das Erdenleben endet?

Einige mit Geld und Macht
haben das wohl nicht bedacht.
Hitzegrade klettern hoch,
sind für Mensch und Tier ein Joch.

Wälder brennen, Eis, das taut,
Erde, die uns anvertraut
wird dadurch, ich sag's nicht gern,
immer mehr recht lebensfern.

Bomben, Flieger und Raketen,
haben wir uns streng verbeten.
Schnell muss sich der Mensch besinnen
und das Leben neu beginnen.

Um dann für die Enkelkinder,
Flora, Fauna auch nicht minder,
unsre Erde zu erhalten
auch das Leben zu gestalten.

2022

5. Ein Traum

Mir träumte, auf der ganzen Welt,
da wär' der Frieden hergestellt
und alle Menschen unterdessen,
die hatten nun genug zu essen.

Das Klima, das erholte sich,
darüber wunderte ich mich.
Man fragt, wieso das nun so war,
dabei ist es doch sonnenklar.

Denn gibt es keine Kriege mehr,
erholt das Klima sich auch sehr.
Wird keiner Geld für Rüstung geben,
muss niemand mehr im Elend leben.

2022

6. Heimat

Ach, es wird so viel berichtet
und dazu auch noch gedichtet,
dass die Heimat nur dort ist,
wo du mal geboren bist.

Schon seit langem ist bekannt,
unsichtbar ist dieses Band
das von Heimatliebe kündet,
mit der Stätte dich verbindet.

Was auch nicht verwunderlich,
denn es ist doch nachweislich,
Muttersprache lernt durchaus
man in seinem Vaterhaus.

Lachte, liebte, weinte dort,
diesem ganz besond'ren Ort.
Und es ist auch wunderschön,
kann man später ihn mal seh'n.

Viele haben ihn verloren,
diesen Platz, wo sie geboren.
Vor dem Krieg, brutal und roh,
mancher von zu Hause floh.

Kohleabbau ist durchaus
für die Ortschaften das Aus.
Und die Menschen nun bekunden,
ihre Heimat ist verschwunden.

Darum kannst du glücklich sein
und dich auch darüber freu'n,
wenn der Ort vorhanden ist,
wo du mal geboren bist.

2019

7. Das Umweltklima

Ja, es ist doch sonnenklar,
uns're Erde hat fürwahr,
alle Spenden eingedenk,
stets die Menschheit reich beschenkt.

Doch der Mensch ist nun mal gierig.
Darum ist es für ihn schwierig,
Maß zu halten mit den Gaben,
will doch immer mehr stets haben.

Öl und Gas und auch die Kohle
dienen ihm zu seinem Wohle.
Man bereitet daraus Sachen,
Die das Leben leichter machen.

Schneller kommt man auch voran
mit den Autos, Bus und Bahn.
Dabei ist doch vorbestimmt,
dass die Umwelt Schaden nimmt.

Bald steht man vor'm Exitus.
Drum fasst man nun den Entschluss,
hat auch vieles ausgedacht,
was das Klima besser macht.

Die an Kriegen gut verdienen,
haben dafür nur ein Grienen.
Dabei hat man unterdessen,
wohl das Klima ganz vergessen.

Krieg, weiß jeder Realist,
auch für's Klima schädlich ist.
Dabei möchten hier auf Erden
alle Menschen glücklich werden.

2022

8. Kriege

Mit großer Wärme in diesem Jahr kam
der Frühling zu uns in das Land.
Drum ist nun die Lage hier momentan
doch leider sehr angespannt.

In Flammen steht schon der erste Wald.
Der Flächenbrand weitet sich aus.
Die Reste vom Kriege, sie sind schon sehr alt,
verrotten jahrein und jahraus.

Drum ist hier das Löschen so lebensgefährlich,
geht man in den Wald hinein.
Nun frage ich euch, mal ganz ehrlich.
Warum müssen Kriege denn sein?

Sie bringen nur Schrecken, viel Leid und auch Tod,
für jeden, ob jung oder alt.
Es gäbe für alle doch keine Not,
ließ man das Bekriegen recht bald.

2023

9. Die Zeit

Es ist nun wirklich sonderbar,
nichts ist mehr wie es früher war.
Ganz ruhig ging es damals zu,
heut' finden wir fast kaum noch Ruh'.

Die Kinderzeit bei Licht beseh'n,
war ja recht lang und auch sehr schön.
Doch unauffällig, irgendwann,
da fing die Zeit zu rennen an.

Ein Jeder rennt seit dem nunmehr
ihr pausenlos stets hinterher.
Sie rennt und rennt, macht niemals Halt
und dann, auf einmal bist du alt.

2019